LA MALTOTE

DES CUISINIERES,

OU

LA MANIERE

DE BIEN FERRER

LA MULE.

Dialogue en re une Vieille Cuisiniere
& une jeune Servante.

A ROUEN,
Chez J. FR. BEHOURT, ruë Ecuyere,
à l'Imprimerie du Levant.

AVEC PERMISSION.

LA MALTOTE
DES CUISINIERES,
OU
LA MANIERE DE BIEN FERRER
LA MULE.

Dialogue entre une Vieille Cuisiniere
& une jeune Servante.

La vieille Servante.

AH vous voilà ! bon jour : je vous
  cherchois par tout,
J'ai couru le marché de l'un à l'autre bout ;
De vous trouver à point , certe je suis
 ravie,

La Jeune.

Et moi de vous parler vraiment j'avois
 envie ;

A 2

Mais pour vous aller voir je n'ai pas un
    moment.
Le moyen ! au logis tenuë étroitement,
Si j'ose m'abſenter, je ſuis toûjours en
    crainte.

La Vieille.

Quoi dans votre maiſon êtes vous ſi con-
    trainte ;

La Jeune.

Je le ſuis à tel point que je veux la quitter :
Ce ſont gens avec qui je ne ſçaurois reſter,
Je n'ai vû de mes jours femme plus ridi-
    cule.

La Vieille.

Vengez-vous.

La Jeune.

Eh comment ?

La Vieille.

Comment ? ferrer la mule,
A bien peigner le ſinge apliquez tous vos
    ſoins.

La Jeune.

Eh ! que me dites vous ? depuis ſix mois
    au moins,
Pour redreſſer mes gens j'ai (ma pauvre
    Marie)
Uſé tout mon ſçavoir, toute mon induſ-
    trie ?
Je n'ai rien négligé ; mais malgré tout cela,

A peine ai-je de bon le corfet que voilà ;
Sur ma fidèlité toûjours en défiance,
Des touts les plus adroits ils ont l'expé-
   rience ;
Ce qui peut fe pefer , ils le pefent vingt
   fois ,
Pour voir fi je n'ai rien rapiné fur le poids,
Prompts à fe faire rendre un denier , une
   obole ,
Ils difent que toûjours je les pilles & les
   voles.
Croiriez-vous qu'au marché quelquefois
   je le vois ,
Quand j'y penfe le moins, venir derrie-
   re moi ?
En un mot quoique gens à leur aife &
   bien riches
Au-de-là du vilain ils font ladres & chi-
   ches.

La Vieille.

Croyez moi , mon enfant , il n'eft point
   de maifon
Où l'on ne puiffe avoir quelque revenant
   bon.
Comment m'y pris je , moi , quand petite
   vachere ,
A l'âge de quinze ans laiffant là pere &
   mere ,
Et d'un orgueïl fecret fentant mon cœur
   repris ,   A 3

Je m'en viens seule à pied d'Abbeville à
    Paris.
Je me trouvai d'abord, faute d'aide ré-
    duite,
A n'esperer en rien qu'en ma bonne con-
    duite ;
Et voulant ne devoir ma fortune qu'à moi,
J'eûs soin de me dresser moi-même en
    mon emploi,
Sous mon habit grossier je n'étois pas trop
    bête ;
J'affectois au dehors une maniere hon-
    nête,
Et chacun se fiant sur ma simplicité,
Je trouvois des maisons avec facilité :
Les quinze premiers jours il me fut diffi-
    cile,
D'attraper du marché la routine & le stile,
Mais ma conception en peu de tems s'ou-
    vrit,
Et le desir du gain me donna de l'esprit ;
Je m'accostois souvent de certaines ser-
    vantes.
Que je voyois toûjours propres, lestes,
    pinpantes ;
Et qui pour soûtenir l'éclat de leurs atours,
Sur l'anse du panier faisoient d'habiles
    tours.
Avec elle j'allois causer chez la Fruitiere,

J'étudiois de près leur talent, leur ma-
    niere,
Et je faifois fi bien que dans l'occafion,
Par leurs foins je trouvois bien-tôt con-
    dition.
Tout m'étoit bon : Marchands, Procu-
    reurs & Notaires,
Etoient gens avec qui je faifois mes af-
    faires :
Quand j'allois au marché, loin d'y mettre
    du mien,
Sans peine je gagnois mon petit entretien,
Même de mes profits (puifqu'il faut tout
    vous dire)
Je fçavois en deux mois remplir ma tire-
    lire.

La Jeune.

Mais vivoit-on alors comme on vit main-
    tenant ?
De quelle utilité feroit votre talent,
Et que vous ferviroit toute la politique,
Si vous étiez tombée en pareille boutique,
Avec gens qui tondroient (comme on dit)
    fur un œuf,
Et qui quand vous prenez du plus excel-
    lent bœuf,
Difent que votre efprit à friponner s'at-
    tache,
Et qu'en guife de bœuf vous prenez de la
    vache.

Je vous le dis encor : je juge à vos discours,
Que vous ne sçavez pas la moitié des bons
    tours ;
Une Maîtresse a beau donner dans la le-
    sine,
On peut avec profit gouverner sa cuisine.
Mais il faut s'entremettre, il faut agir,
    chercher ;
Tâchez de rencontrer un honnête Bou-
    cher,
Qui vendant à la main, ou vendant à la
    livre,
Outre le droit commun, donne le sol
    pour livre.
Si vous avez bon poids sur ce qu'il vous
    fournit,
De ce qu'il vous remet faites votre profit,
Feignez d'avoir en main l'autorité suprê-
    me,
Qu'on sçache qu'au logis tout se fait par
    vous même,
Pour que chaque Marchand avec zèle &
    ferveur,
A force de presens brigue votre faveur.
Pâques, la saint Martin, & le jour des
    étrenes,
Sont des jours où l'on doit vous accabler
    d'aubeines.

Sur chaque fourniture il vous revient un
   droit,
Rotisseur, Epicier, Chandelier, tout
   vous droit.
De porter le panier ne soyez point honteuse,
Et faites-vous payer le droit de la porteuse.
D'abord qu'un ouvrier implorant votre
   appui,
Vous invite à parler à Madame pour lui,
Ecoutez sa requête, & soyez attentive
A lui fait sentir qu'il faut que chacun vive,
Et qu'il doit de Madame exiger plus que
   moins,
S'il ne veut à ses frais récompenser vos
   soins:
Au logis quelquefois faites l'indifférente
Pour celui qui le mieux vous paye &
   vous contente;
Car si vous affectez de le trop suporter,
De vôtre intélligence on poura se douter,
Souvent une maîtresse en finesses féconde,
Malicieusement vous éprouve & vous
   sonde,
Ne soyez jamais dupe, & déguisez si
   bien,
Que de votre commerce on ne soupçonne rien.

La Jeune.

Graces à vos conseils je suis bien éclairci,
Je les trouvent excellens, & vous en re-
     mercie.

La Vieille.

Ce n'est pas encor tout : revenant du mar-
     ché,
Ayez toûjours un air inquiet & fâché,
Accoûtumez-vous bien à faire la pleureu-
     se,
Ah mon Dieu ! direz vous, que je suis
     malheureuse !
Depuis cinq ou six jours (vrai comme
     Dieu m'entend)
J'ai pour le moins perdu cent sols de mon
     argent,
Il faut qu'en calculant Madame se mé-
     compte
Ou qu'au marché l'on manque à me ren-
     dre mon compte,
Accompagnant ces mots d'une exclama-
     tion,
Chacun de votre sort aura compassion ;
Et le laquais chargé d'écrire la dépense,
Pourvû qu'il ait de vous la moindre récom-
     pense,
Et qu'en l'art de compter un Maître l'ait
     instruit,
Par bonté daignera d'un zero faire un huit.

Il n'est point selon moi de meilleure ref-
source,
Ni de plus sûr moyen pour enfler la bourse:
Je me souviens toûjours qu'en certaine
maison
Je fis heureusement rencontre d'un garçon
Qui pour mes intérêts se donnoit tant de
peine,
Qu'il me faisoit profiter d'un écu par se-
maine;
En revanche j'étois son bras droit, son
appui,
Et les meilleurs morceaux étoient toûjours pour lui.

La Jeune.

Mais si Madame écrit la dépense el'e-mê-
me.

La Vieille.

En ce cas, j'en conviens, l'embaras est
extrême;
Car si vous n'avez pas un visage assuré
Pour soûtenir le faux & déguiser le vrai,
Si vous ne sçavez pas payer d'effronterie,
On poura pénétrer dans votre fourberie.
C'est pourquoi bannissez toute timidité,
Recriez-vous toûjours sur la grande cher-
té,
Les jours maigres sur tout criez dès votre
entrée,

Qu'à la halle il ne fut jamais moins de
    marée,
Que le beure & les œufs y font chers à
    l'excès,
Et qu'à peine on y voit des chous & des
    panais :
Dans ces occasions il est une certaine
    geste
Qui, quoi qu'on dise peu, fait deviner le
    reste :
Levez donc vers le Ciel piteusement les
    yeux.
Ou posant le panier d'un dépit furieux,
Que j'en veux direz - vous à ces tables
    poissardes,
Elles m'ont fait dix sols une botte de car de
En vérité, Madame, on n'y sçauroit tenir;
Je croyois du marché jamais ne revenir,
Lorsque vous avez fait tous vos tours dans
    la place,
Ce dont vos profitez, vous l'ôterez sur la
    masse,
Et vous entortillerez dans le coin d'un
    mouchoir
Ce qui de compte fait doit à Madame é-
    choir.
Mais que la Mulle soit également ferrée,
Ne rejettez pas tout sur la même denrée.
Pourquoi faire monter une piece trop
    haut

Pour en rien augmenter sur ce que l'autre
     vaut ?
Après avoir compté, si pour mieux vous
     suprendre,
On vous fait recompter gardez de vous
     méprendre,
Et ne manquez jamais de faire raporter
La dépense, l'argent qui devra vous rester
D'un esprit scrupuleux voulez-vous faire
     montre,
Qu'aux articles toûjours plus ou moins se
     rencontre :
Mettez deux sols trois liards, quatre sols
     trois deniers,
Et vos comptes par-là seront plus régu-
     liers,
Je suis sur ce chapitre assez bien entenduë,
                La Jeune.
De votre habilité j'admire l'étenduë,
Puissent vos bons avis m'être d'un grand
     secours,
Pour me donner du pain le reste de mes
     jours,
                La Vielle.
Tout ce que je vous dis est simple, na-
     turel :
                La Jeune.
Comment ! vous l'entendez mieux qu'un
     maître d'hôtel.

L'esprit & le bon sens regne dans vos pa-
roles ;
Et si l'on s'avisoit d'établir des écoles
Où chaque Cuisiniere aprît à se former,
Vous serez j'en suis sûre, en état d'y pri-
mer.

La Vieille.

Je sçai qu'à la faveur du moindre sçavoir
faire
Une fille partout peut se tirer d'affaire,
Mais pour tant le meilleur pour avoir le
teston
Est de pouvoir vous mettre au gages d'un
garçon :
Car n'ayant point du tout, ou peu de
compte à rendre,
Vous pourez à souhait tailler, rogner &
prendre ;
Et même disposant de la clef du caveau,
Aller de tems en tems visiter le tonneau.
Comme telle avanture est rare & peu
commune,
Quand elle vous viendra poussez votre for-
tune,
Sçachez trouver du bon sur le poivre & le
clou,
Gagnez sur le balai, sur du lait, sur un
ebou ;
Pour peu qu'on ai d'adresse, on met cha-
que jour maigre,

Tout pour oignon, perſil, pour verjus
  & vinaigre :
Et ſouvent ce qu'on a débourſé qu'une
  fois,
On peut, quand on l'entend, le faire
  écrire trois ;
Comme ce point pourroit vous ſembler
  difficile,
Une comparaiſon vous le rendra facile.
Vous ſçavez, comme moi, que dans plu-
  ſieurs maiſons.
On ſe fait un plaiſir en certaines ſaiſons
D'avoir, ſur tout le ſoir, la ſalade ſur ta-
  ble,
Au goût de bien des gens, c'eſt un mets
  délectable,
Qui met en apétit, & réjoüit le cœur.
Mais ce n'eſt pas pour vous ce qu'il y a de
  meilleur,
Ce qui doit à l'aimer vous pouſſer avantage
C'eſt que vous en pouvez tirer davantage;
Prenez-en donc ſouvent votre proviſion,
Que vous partagerez en double portion;
Et d'abord qu'on aura conſommé la pré-
  miere,
Faites ſur nouveaux frais écrire la derniere.
Je vous en dis autant pour l'aſſaiſonne-
  ment,
Que l'huile par vos ſoins profite double-
  ment,

Sur les moindres dégats, mettez-vous en
   colere,
C'est faire sagement que d'être ména-
   gere;
Et ce qui tous les jours se perd & se dé-
   truit
S'il étoit conservé vous produiroit du fruit
Pour le peu qu'une fille à nos tours soit
   stilée,
Elle peut faire encore son compte à la Val-
   lée,
Dans les jours destinez à de fameux repas,
Faites de bons reliefs un profitable amas;
Comme ce sont des jours de desordre &
   de trouble,
Ne vous endormez point, ferrez la mule
   au double;
Quand les pois & les fruits sont dans leur
   nouveauté,
Loin par leur haut prix & leur grande
   cherté,
Pour profiter dessus vous soyez refroidie,
A les compter bien cher soyez-en plus
   hardie.
Est-ce assez m'expliquer;

Jeanne.

Vous raisonnez si bien
Qu'au plus subtil esprit vous ne cedez en
   rien.

La Vieille.

Vous avez vû ma chambre. Est elle bien
    ornée?

La Jeune.

Oüi vraiment.

La Vieille.

    J'ai gagné dans le cours d'une année
La table, fauteüil, les chaises & le lit,
Sans que l'on m'ait jamais prise en fla-
    grant delit;
Chez les gens que je sers, pendant tout le
    Carême
Je dispose de tout, j'achete tout moi-mê-
    me,
C'est alors qu'à gagner je travaille d'es-
    prit;
Rien n'est jamais pour moi trop vil ou
    trop petit,
Je tire du profit des moindres bagatelles,
Et j'amasse avec soin jusqu'aux bouts de
    chandelles,
Huile, sel & charbon, je mets tout du
    côté.
Sçachez que quelquefois dans la nécessité
Telles provisions sont d'un secours utile,
Et filles tous les jours manquent d'argent,
    d'azile,
Qui pour n'avoir pas pris cette précaution
Est aussi tristement hors de condition.

B

Vers la fin du repas il faut vous rendre a-
    lerte ,

Pour mettre adroitement la main fur la
    defferte ;

Vous pouvez fans rifquer ôter de chaque
    plat

Le morceau le meilleur & le plus délicat.

Bien plus , fi vous voulez qu'une telle ré-
    ferve ,

Par un revenant bon vous profite & vous
    ferve ,

Il faut vous accorder avec d'honnêtes
    gens

Qui pour un certain prix prennent vos
    reftaurans :

Habile à ménager les profits de la graif-
    fe ,

Voulez vous que chacun pour l'acheter
    s'empreffe ,

Ayez foin d'y jetter du fel abondamment.

Autre avis qui vous doit fervir utilement,

Il faut de tems en tems prendre à la bou-
    cherie

Quelle piece qui foit de graiffe bien
    fournie :

Par exemple une longe , ou de ces a-
    loyaux ,

Qui font fans contredit de fucculens mor-
    ceaux.

Prenez en tous les jours : telle piece bien
cuite.
Et de graisse & de jus remplit la léche-
frite.
J'en sçai beaucoup qui sont sur la graisse
un grand gain.
Quand pour une étuvée il vous faudra du
vin,
Faites que le poisson en ait sa juste dose :
Et que dans la bouteille il reste quelque
chose.
Si vous trouvez un jour quelque bonne
maison,
Loin d'épargner le bois, brûlez-en à
foison ;
Plus vous en brûlerez, plus vous au-
rez de cendre,
Quand on la fait bien cuire, on trouve à
la bien vendre :
Ainsi dans la foyer laissez-là plusieurs jours
De ces instructions souvenez-vous toû-
jours,
Meditez, pesez bien ces avis salutaires,
Ils sont judicieux autant qu'ils sont sin-
ceres ;
Et si pour moi quelqu'un eût pris le mê-
me train,
Dans l'art de rafiner j'eusse été bien plus
loin.

Persuadez-vous bien que c'est une impru-
dence,
De faire à chacun part de vôtre confiden-
ce,
Tel aujourd'hui vous ouvre un cœur af-
fable, humain,
Qui pour son intérêt vous trahira demain;
J'en ai vû partager par portion égale,
Ce qui leur retenoit des profits de la hal-
le,
Et souvent pour un rien venant à se broüil-
ler,
Par un dépit jaloux aller se déclarer;
Je ne veux pas pourtant qu'outrant la po-
tique,
Vous vous fassiez haïr de chaque domesti-
que,
Mais sans vous trop commettre entrete-
nez la paix,
Et tâchez d'obliger jusqu'au moindre la-
quais.
On voit dans des maisons certaines gou-
vernantes,
Qui d'une jeune Dame adroite confiden-
te,
Donnent dans le logis des ordres souve-
raines,
Et font qu'à leur profit tout passe par
leurs mains,

Eprise du desir d'une fortune haute,
Voulez-vous faire à l'aise une utile maltôte,
De ces femmes gagnant la tendre affection,
Avec elles toûjours vivez en union.
On peut s'humilier & ramper sans bassefse,
Se soûmettre à propos est quelquefois
sagesse :
Pour moi dès qu'un chemin me conduit
où je veux,
Jamais je ne le trouve indigne ni honteux,
C'est une distinée & bien triste & bien
rude
Que de se voir réduit à vivre en servitude.
Dans cet état portant, j'ai sçû gagner du
pain,
Et j'ai sçû m'assurer un revenu certain.
J'ai près de mille écus sur les cinq grosses
Fermes,
Dont je touche la rente & l'intérêt par
termes.
Et (ce qui met le comble à ma facilité)
Mon mari, comme moi, gagne de son
côté,

Il mene un grand Seigneur, qui sans comp-
    pter ses gages ,
Lui fait à tous momens de nouveaux avan-
    tages.
Du bon qui lui revient , loin de rien dé-
    penser ,
Il trouve tous les jours moyen d'en amaf-
    fer :
Son maître ne va point de Paris à Verfail-
    les ,
Qu'il ne gagne vingt fols fur le foin & la
    paille ,
Enfin , quand nous voudrons nous retirer
    tous deux ,
Le refte de nos jours nous pourons vivre
    heureux.
Formez vous , mon enfant, fur de fi beaux
    exemples ,
Je viens de vous donner des leçons affez
    amples ,
Je n'ai rien oublié pour vous bien con-
    feiller ,
Mais fur vos intérêts , c'eft à vous de veil-
    ler ;
Et lorfque que mon crédit vous fera né-
    ceffaire ;
Vous verrez que pour vous je fuis prête à
    tout faire.

La Jeune.

C'eſt·là mettre le comble à toutes vos
    bontez :
Vous faites tout pour moi ; mais au reſte
    comptez ,
Que ſi pour m'en venger je ſuis dans l'im-
    puiſſance ,
Mon cœur y ſupléra par ſa reconoiſſance.

F I N.